우리 함께 가는 길
(3년간 강설법회 회향기념 출판)

큰마음도량 아미타불

서문

정토로 가기 위하여

삶을 있는 그대로 본다는 것
이 속에 이상적인 삶이 있고 열반이라는 깨달음이 있으며 절대성으로 나아가는 길이 있습니다.

백천가지 묘한 법문과 진리라 해도 이 한마음을 벗어나지 않았으니 우리는 언제나 이 마음을 통해서 진정한 삶과 행복을 이루어야 합니다.

산승은 일찍이 태백산에 들어와 결사를 통해 내면을 돌아보고 스스로 탁마하면서 지내왔으나 스승의 은혜와 시주에 보답하고자 큰마음 법회를 열게 되었습니다.

본 시집은 산승이 지난 3년간 법회에서 읊은 서시를 책으로 엮어 큰마음회원과 불자들을 위해 법보시용으로 출간하게 되었으니 이는 그동안의 공부를 다시 한 번 복습하고 실천하자는 뜻이 있습니다.

왜냐하면 실천 없는 이해는 도리어 번뇌가 되고 수행에 장애가 될 수 있기 때문입니다. 이에 우리는 본 시집을 통해 다시 발심하고 실천수행해서 마침내 영원한 행복, 이상적인 불국토, 그 깨달음의 정토에 왕생하기를 발원합니다.

 불기 2569(2025)년 여름 원인 합장

목차

제1장 큰마음 법회 서시 모음

1 큰마음 도량을 열면서 　　12
2 깨달음으로 가는 길 　　16
3 초겨울 속에서 　　18
4 참 '나'란 무엇인가. 　　20
5 눈길을 걸으며... 　　22
6 춥지 않은 곳 　　24
7 원만구족한 삶 　　26
8 고향으로 가는 길 　　30
9 부처님 길 따라 　　32
10 초여름 숲속에서 　　34
11 물의 근원 마음의 근원 　　36
12 보리심의 근본 　　38
13 대자연의 조화 　　40
14 가을 속에서 　　42
15 마음이란 무엇인가. 　　44
16 생명은 누구의 소유인가. 　　46

17 무엇이 참 '나'인가.	48
18 참 '나' 그 진정한 의미	50
19 우리함께 가는 길	52
20 인생의 사계절	56
21 부처님이 세상에 오신 뜻	58
22 마음 땅에 보리를 심자	62
23 윤회란 무엇인가?	64
24 윤회에서 벗어나는 길	66
25 대장부의 길	68
26 가을 소리 들으며	70
27 사계절의 의미	72
28 정토로 가는 길	74
29 자기를 이긴 승리자	76
30 새로운 시작을 위하여	78
31 마음 밭에 무엇을 심을까	80
32 우리의 근본	82
33 행복의 문	84
34 어둠을 밝히는 큰 빛	86
35 연꽃의 의미	88

36 진정한 삶을 위하여 90
37 완전한 삶 92
38 마음정토 찾아서 94
39 일심으로 염불하자 96

제2장 태백산에 머물면서

40 마음의 꽃 100
41 새봄의 향기로움 102
42 봄의 단상 104
43 자연의 향기 106
44 태백산의 가을 108
45 자연 속에서 110
46 영주 대승사에서 112
47 가을 단상 116
48 가을 속에서 118
49 늦가을 아침에 119
50 낙엽을 보면서 120
51 초겨울을 맞이하며 123

52 떠나는 도반을 보며 124
53 내가 이 산山에 온 뜻 128
54 깊은 고요 그 속에서 130
55 흰 구름 보면서 131
56 보리심에 의지하자 132
57 온전한 살림살이 134
58 한줄기 광명 136
59 참된 삶으로 나아가자 138
60 가장 이상적인 삶 140
61 연꽃을 바라보며 142
62 연못 가운데 달 144

제3장 정토로 가는 길

63 어떻게 살 것인가. 146
64 큰마음 큰지혜 148
65 큰마음의 이치 150
66 무엇이 나를 자유롭게 하는가 152
67 우리 모두의 길 154
68 효심孝心은 선의 근본 156

69 부처님께 향하는 마음	158
70 우리들의 가족	160
71 마음 닦는 기도	162
72 큰마음경기분원법회서시	164
73 혼란의 시대를 사는 법	166
74 백화百花가 핀 이치	168
75 이 시대를 살아가는 지혜	170
76 잃었던 불심을 회복하자	172
77 무문관에 들어가며	174
78 팔공산천불선원상량게	177
79 지리산봉화사개산17축시	180
80 백일기도 회향법문서시	181
81 자승의 죽음을 보면서	182
82 도반을 보내며	186
83 사형을 보내며	188
84 은사스님 추모시	190
85 부처님이 오신 뜻	192
86 부처님의 진정한 뜻	194
87 부처님의 축복 그 광명	196

88 위대한 탄생 (부처님 오신날)　198
89 위대한 광명 (불탄절서시)　200
90 부처님 오신날 봉축시 1　202
91 부처님 오신날 봉축시 2　204
92 큰마음 도량가　206
93 영주 대승사가　208
94 수도산 수도암가　210
95 태백산가　212
96 정토 왕생가　214
97 태백산 큰마음도량 15경　217

제4장 자작 한시漢詩 모음

98 태백산에 들어오며　222
99 태백산 3년결사 마치며　223
100 염불일구를 권하며　224
101 겨울 산을 바라보며　226
102 참 사람의 길　227
103 큰마음 도량을 읊다　228

104 도량결사를 하며　　　229
105 법산의 원인론　　　230
후기 : 본 시집에 대해서　　　231

태백산 토굴에 핀 백련화

제1장 큰마음 법회 서시 모음

(큰마음법회 순서대로 모았음)

큰마음 법회 법문 모습

1 큰마음 도량을 열면서

한 줄기 서광이 여기를 비추니
하늘이 열리고 땅이 생겼다.

무명의 구름은 일시에 사라지고
맑은 하늘 끝없이 펼쳐지네.

부처님 해가 중천에 빛나니
만류 중생은 갈 길을 얻고

무궁한 보살도 큰마음의 진리여!
유정 무정 다함께 축복되었다.

새로운 시작 속에 큰 원력은
이 나라 국민의 희망이 되고

전환시대 살아가는 우리에게
정신문화 꽃을 피우게 되리라.

세상의 법과 수많은 종교는
한마음으로 돌아가게 되나니

한마음에서 큰마음이 나오고
이 마음은 세상의 빛과 소금이
되리라.

깊은 골짝에 솟아나는 샘물이
마침내 큰 바다로 들어가듯

태백산 속에 큰마음 도량은
새로운 시대에 이정표가 되고

마음을 맑혀주는 큰 가르침은
모든 중생을 이롭게 하리라.

장엄하고 거룩한 법이여!
하늘이 축복하고
만류 중생이 기뻐하도다.

제1회 큰마음법회법문서시 2022.9.18

제1장 큰마음 법회 서시 모음

태백산 큰마음도량 전경

2 깨달음으로 가는 길

하늘은 높고 푸른데
잔잔한 경계 속에서
온 산은 황금색으로 빛나고

고요한 가운데 큰마음이여!
있는 그대로 구족 했으니
이 가을의 풍요로움이로다.

한줄기 청량한 바람은
도심道心을 일으키게 하나니
산중의 향기로움 무궁하여라.

이처럼 맑은 경계 속에서
만법은 백천 묘용을 나타내고
만류의 생명은 길을 얻는다.

이 가운데 하나 일이 있으니
마음부처 찾아가는 고고한 길
거기는 매우 깊고 고요하다.

과거의 성인도 그 길로 걸어갔고
미래의 성인도 그렇게 갈 것이며
현재의 대중도 이렇게 가야하네.

제2회 큰마음법회 법문서시 2022.10.16

3 초겨울 속에서

초겨울 쌀쌀한 바람이 불어오니
마른 나뭇잎은 땅위에 딩굴고

시냇가 물소리 끊임없이 들리는데
저 하늘에 흰 구름 두둥실 떠가네.

창문을 열어놓고 가만히 앉으니
변화하는 그대로 영원하구나.

돌이켜 지난날을 생각해보니
허공에 밭을 갈아 씨앗 뿌리고

뿌리 없는 나무 열매로 밥을 지어
오가는 사람에게 나누었다네.

십년을 변함없이 지내온자여!
봄가을 바뀌고 여름겨울 지나가도

본체는 언제나 그대로지만
변화하는 그대로 무궁하구나.

흘러가는 흰구름이 세월 같다면
인생 또한 연기처럼 사라지는 것

좋고 나쁜 세상사 꿈만 같으니
아무것도 애착할 일 없어라.

그대는 아는가.
봄에는 꽃피고 가을에 낙엽 지는
분명한 이 소식 누구에게 말할까.

제3회 큰마음법회법문서시 2022.11.17

4 참 '나'란 무엇인가.

따뜻한 햇빛이 비취는 오후
나는 고요히 숲길로 걸어간다.

낙엽이 쌓여있는 오솔길에서
존재의 의미를 생각해 본다.

인생에 무엇이 가장 소중한가.
명예도 아니고 이익도 아니며

좋고 나쁜 것도 아닌 속에
알 수 없는 깊은 뜻이 있으니

현상을 통해 이치를 보라
여기 참 나를 볼 수 있으리.

모든 현상을 무심으로 본다면
있는 그대로에서 실상을 본다.

인생에 있어 가장 깊은 도는
어디에도 영향 받지 않는 마음

이는 알려고 해도 알 수 없고
모른다 하면 더욱 멀어지는 법

만일 이 자리에 무아가 된다면
보는 그대로 나 아님이 없다네.

제4회 큰마음법회법문서시 2022.12.18

5   눈길을 걸으며...

차가운 바람이 불어오니
온 산에 흰 눈은 쌓였는데
그 속에 외길이 하나있다.

만상은 이미 잠들었지만
잠들지 않는 물건이 있으니
그것은 정녕 무엇인가.

추위와 더위에 흔들리지 않고
좋고 나쁨에 차별하지 않으며
언제나 한길만을 가는 자

그는 내면에 안주하여
선정과 지혜로써
이치와 현실을 대한다.

비추되 상이 없으니 진실하고
잠에 들되 어둡지 않으니
항상 깨어있는 자

그는 세속적 명리를 멀리하고
근본에 의지하여 일을 하며
오직 그 길만을 걸어간다.

제5회 큰마음법회법문서시 2023.1.15

6 춥지 않은 곳

연일 차가운 바람이 분다.
어제는 아침 영하 21도
오늘도 한파가 이어진다.

대한이 지난 지 오래인데
추위는 점점 더해가고
온 산에 눈은 쌓여만 간다.

여기 무엇이 있어
우리를 춥게 하는가.
춥지 않은 곳은 어디인가?

선사는 말한다.
더울 때 더위 속으로 가고
추울 때 추위 속으로 가라.

만일 그것과 하나가 된다면
추위를 느끼는 자는 누구인가.
느낌의 주체는 자아일 뿐이다.

지금 바로 무아無我가 된다면
추위와 더위를 바꿀 수 있고
그것을 넘어설 수도 있다.

일찍이 사명대사
뜨거운 화로 속에서
고드름을 달고 나왔다.

이것은 신력이 아니고
그렇다고 초능력도 아니다.
오직 무아無我를 실현한 것이다.

제6회 큰마음법회법문서시 2023.2.19

7 원만 구족한 삶

(열반재일을 맞이하여)

봄에는 만물이 싹을 틔우고
여름엔 무성하게 자라다가

가을에 열매 맺고
겨울엔 고요히 머문다.

이것은 만물이 존재하는
원리이며 방식이다.

우리는 여기에서 나머지 없는
자연의 완전성을 보아야 한다.

이와 같은 대자연 속에서
위대한 탄생이 있었으니

그는 왕가 속에 있었지만
어디에도 영향 받지 않았고

어느 날 밤 홀연히
설산을 향해 출가하였다.

6년 고행 끝에 성도하시고
49년간 중생을 제도했으니

선정과 지혜는 비할 수 없고
공덕과 복력은 한량이 없다.

하늘과 땅을 덮고도 남으니
화로 속에 연꽃이 피는 도리

천상천하에 제일가는 성인이
이 땅에 교화한 지 80년 지나

사라수 나무 사이 그늘에서
남음 없는 근원으로 들어갔다.

이것은 더 이상이 없는 진리
존재 그대로 미묘한 작용이라

생멸 속에 무생멸을 보였고
무생無生의 진리를 드러냈다.

시간과 공간이 없는 부처님은
언제나 무위 적정 그 자리에서

하는 일 없으나 만법 속에서
능히 만물의 근원이 되었다.

이제 우리는
오고 감이 없는 열반을

고요한 마음으로 보다가
그 마음과 하나 되어야 한다.

이것이 부처님 열반을 맞이하는
우리들이 가져야 할 마음이다.

제7회 큰마음 법회 법문서시 2023.3.19

8 고향으로 가는 길

추운 겨울 지나가고
따뜻한 봄이 찾아왔네.

나무에 물오르고
흙 내음 풍겨 온다.

봄은 만물의 어머니
내 마음의 고향이다.

세상을 살아가는 사람들
무명에 미혹하고 생사에 갇혀

아득한 내 고향
돌아갈 길 잊었구나.

가기 어려운 마음의 고향
어떻게 그 길을 찾아갈까.

그 길은 매우 순수하고
맑으며 고요하다.

본래 고향 가는 길은
모든 상(相)이 끊어진 곳

우리 모두 다 함께
고요히 그 길로 걸어가자.

제8회 큰마음 법회 법문서시 2023.4.16

9 부처님 길 따라

길에서 태어나 길에서 갔으니
그 길은 만법의 공도가 되고
모든 성인이 가는 길이다.

본래부터 고요하지만
나타날 때 차별이 없고
평등한 속에 일체법을 세웠다.

일마다 도道에 부합되니
존재 그대로 원만 구족하여
따로 이룰 것 없구나.

흰 구름 가는 길에 자취 없듯
무심한 거기에 만법을 세우니
만류 중생도 그 속에 머문다.

아상 없는 큰 삶이여!
현상 그대로 절대성이니
평등한 바탕 위에 묘용妙用이 되었다.

무엇이 부처님 가는 길인가.
한마음 속에 큰마음이여!
이것이 모든 성인이 가는 길이네.

제9회 큰마음법회법문서시 2023. 5. 21

10 초여름 숲속에서

우거진 숲속에 산새는 지저귀고
그윽한 계곡에 물소리 들려온다.

이 가운데 한 가지 일이 있으니
그것은 자신을 바로 보는 일이다.

보는 대상에서 본질을 본다면
어디에도 걸림 없는 삶을 얻고

듣는 자리에서 근본과 하나 되면
이치가 곧 현실임을 깨우친다.

무생의 진리는 언제나 그대로인데
미혹된 마음에 유위有爲에 빠지고

무명의 길에서 뜻을 얻으면
하나 속에 전체가 나타난다.

자연은 존재 그대로 참다운데
어찌하여 실상을 보지 못하고

저 하늘에 떠가는 흰 구름에서
무엇을 찾고 얻으려 하는가?

근원에서 고요히 만물을 보라
유위有爲 속에 무위無爲가 있다.

제10회 큰마음법회 법문서시 2023.6.18

11 물의 근원 마음의 근원

무더운 여름 어느 날 오후
시원한 골짝으로 들어가니

새소리 물소리 들려오고
숲속에 맑은 바람 불어온다.

흐르는 물을 거슬러 올라가니
돌 틈에서 맑은 물이 솟아난다.

깊은 숲속 발원지에 왔는데
물의 근원은 어디인가?

물과 자연은 하나인데
자연의 근본은 무엇인가?

이렇게 보는 근원은 마음인데
무엇이 이 마음의 근원인가?

제11회 큰마음법회법문서시 2023.7.16

12 보리심의 근본

맑은 하늘에 흰 구름 흘러가고
깊은 숲속에 산새가 지저귄다.

고요하고 미묘한 가운데
무한 기운과 작용이 있고

나와 남이 없는 절대성 경계
이것이 보리심의 근본이다.

무엇이 보리심의 공덕인가.
각성이 두루하여 모자람 없다.

무엇이 보리심의 작용인가.
하늘과 땅을 살려주고 있다.

무상 무아의 위대함이여!
각성을 근본으로 나타나고

걸림 없는 작용 무위의 힘이여!
만물은 그 속에서 구제받는다.

제12회 큰마음법회법문서시 2023.8.20

13 대자연의 조화

여름이 지나가고 가을이 오니
하늘엔 둥근 달이 비추고
뜨락가에 풀벌레 소리 들린다.

이 모든 자연의 조화 속에서
그 뜻을 깨우치지 못하면
중생심은 분분하게 일어난다.

무명에 속박된 무지 때문에
모든 병은 여기에서 시작되고
좋고 나쁨은 다투어 나타난다.

자아에 집착된 상相 때문에
바른 견해와 뜻을 잃어버리고
끝없이 생멸하는 윤회의 길

무엇이 우리를 행복하게 하는가.
나를 잊고 대의를 따르면
있는 그대로 평등에 들어간다.

성하면 쇠하는 길이 나오고
높으면 낮은 곳으로 가는 법
만물 만법은 본래부터 평등하다.

제13회 큰마음법회법문서시 2023.9.17

14 가을 속에서

푸른 산은 겹겹이 쌓였는데
저 멀리 흰 구름은 유유하고
골짝엔 하얀 안개 피어오른다.

깊어 가는 가을은 언제나 그러하고
고요한 가운데 홀연히 나타나는데
세상은 곡류처럼 시끄럽게 흐른다.

인생도 세월도 꿈과 같은 것
이 가운데 존재하는 온갖 현상은
모두 다 한맛으로 돌아가누나.

* 일체 현상과 자연과 만법이 한 맛으로 돌아간다는 곳에 마음과 부처와 중생이 하나 되는 길이 있습니다.

제14회 큰마음법회 법문서시 2023.10.15

큰마음도량 계곡 가을 풍경

15 마음이란 무엇인가.

인생무상無常이여!
나타난 모든 존재 가운데
무상無常 아님은 없도다.

한 생각 일어났다 멸하는 속에
우주 만유의 생명이 있나니
이 모두 생사에 유전하고 있다.

윤회생사 하는 그 속에
윤회하지 않음 있으니
그것을 열반이라고 한다.

생사 열반도 마음으로 짓나니
일념에 안주하여 머무름 없다면
생사와 열반도 모두 사라진다.

모양을 따르면 중생이 되고
경계에 무심하면 무생멸 되나니
따로 부처 구할 일도 없어라.

마음이여! 참으로 신묘하구나.
수많은 작용과 신통 묘용도
모두 마음 작용일 뿐이다.

만일 만법에 무심하다면
너와 나는 어느 곳에 있으며
나고 죽음은 어디서 볼 것인가.

끝없는 허공 속에 떠도는 흰 구름
일어남 없는 마음으로 본다면
묘용妙用 그대로 무심無心이 된다.

제15회 큰마음법회법문서시 2023.11.19

16   생명은 누구의 소유인가.
(자승스님 죽음을 보면서)

모든 생명은 평등하다.
아무리 하찮아 보이는 미물과
세상을 움직이는 존재라 해도
생生의 본질에는 차별이 없다.

이 생명은 내 것인가.
아니면 남의 것인가.
그것은 본래부터 불생不生이니
죽음이란 있을 수 없다.

절대평등한 본체에는
생멸生滅이 없는데
나와 남이란 차별 어디 있는가.

내가 나를 죽이는 것 (자살)
남이 나를 죽이는 것 (타살)
죽음을 권장하거나 동조하는 것
여기 죄업이 다르다고 하지 마라.

세상에서 태어남이 있으면
죽음이란 자연의 순리이다.
이것은 누구를 따르지 않고
오직 행위에 따라 나타난다.

자승의 죽음을 미화하지 마라
허물을 더욱 키우는 일이다.
그렇다고 행위를 욕하지 마라
승가에 더 큰 누(허물)가 된다.

제16회 큰마음법회법문서시 2023.12.17

17 무엇이 참 '나'인가.

몸은 마음의 그림자
마음은 몸의 그림자

몸을 통해서 마음을 보고
마음을 통해서 몸을 본다.

몸이 사라지면
분별할 마음도 사라지고

마음이 사라지면
몸은 인식하지 못한다.

몸과 마음이 공허空虛 하다면
무엇을 '참나'라 하는가?

모든 법에 '나' 없음을 본다면
현상적인 법에 허물이 없고

무아無我에서 참 나를 본다면
존재하는 법에 참나 아님 없다.

隨處作主 立處皆眞

참모습은 언제나 그대로인데
실상을 보지 못하기에
가상에 속아 일생을 보낸다.
내가 없다면 남도 없고
나와 남이 없다면
나고 죽음도 존재하지 않는다.

참된 나는 본래 공적空寂하거늘
허상에 집착하여 윤회를 만든다.

제17회 큰마음법회법문서시 2024.1.21

18 참 '나' 그 진정한 의미

간밤에 흰 눈이 내리더니
하늘과 땅은 일색이 되었다.

우거진 숲에 피어난 눈꽃이여!
보고 듣는 그대로 적멸궁이로다.

이 가운데 참나眞我가 있나니
그것을 '불성'이라 부른다.

어떻게 참'나'가 될 수 있는가?
그것은 무아와 하나 되어야 한다.

무아를 바로 보지 못하면
무엇이라 말해도 이름일 뿐

그것은 말로 표현할 수 없기에
언어와 생각으로 나타내지 못한다.

내가 나를 찾아가는 길
그 길은 매우 고요하고 미묘하다.

제18회 큰마음법회법문서시 2024.2.18

19 우리함께 가는 길

만물은 존재 그대로 길이 있고
길을 따라 만물이 존재한다.
우리는 어떤 길을 가야 할까.
내가 가야 할 길은 무엇인가.

명성의 노예 되지 말고
망상의 주인 되지 마라.
세상일에 끌리지 말고
좋은 일에 객이 되지 마라.

자신에 집착하지 않으면
세상일은 물 같이 흐르고
모든 일에 순수하다면
하는 일이 허물되지 않는다.

많은 말과 생각에서
참된 뜻은 사라지고
행위 속에 사심을 두지 않으면
어떤 일도 성공적이다.

진정으로 어질고 선하다면
스스로 착함을 의식하지 않고
지극히 맑은 사람은
맑음을 자랑하지 않으며

참된 덕을 가진 사람은
모자라는 사람처럼 보인다.
욕심이 많으면 천하게 되고
무심한 사람은 귀신도 존중한다.

이기심利己心은
얻은 것 같으나 잃은 것이며
이타심利他心은
잃은 것 같으나 얻은 것이다.

무엇이 자신을 살리는가.
어디에도 집착하지 않음이고
무상無相 무아無我라는 길에서
진정한 자유를 얻는다.

어떠한 말과 행동에서도
무심이라는 바탕이 된다면
비록 세상 속에 머물러도
그는 세상 밖을 노닌다.

제19회 큰마음법회법문서시 2024.3.17

제1장 큰마음 법회 서시 모음

큰마음 동산

20 인생의 사계절

만물은 마음 따라 생겨나고
마음은 만물에서 나타난다.

허공에 존재하는 무수한 현상
모두 마음 아닌 것 없구나.

봄에 꽃피고 가을에 열매 맺으며
여름엔 무덥고 겨울엔 춥다.

이와 같은 사계절 속에
모든 존재의 움직임 있고

우주적인 성주괴공成住壞空과
생명들의 생노병사生老病死는

자연과 존재의 법이며
만물의 사계절이 된다.

이와 같은 삶에 있어
무엇이 가장 중요한가.

인생과 자연과 만물이
서로 연기緣起되어 다르지 않으니

항상 존재의 근원으로 돌아가
보는 놈을 돌이켜 보는 일이라네.

제20회 큰마음법회법문서시 2024.4.21

21 부처님이 세상에 오신 뜻

한 송이 연꽃이
허공중에 나타나니

이로부터 백천 가지
묘용이 일어났다.

나는 누구이며
너는 누구인가.

뿌리는 하나인데
수많은 작용이로다.

생사는 가지이고
열반은 본체이니

둘인 듯 하나이고
하나인 듯 둘이로다.

일찍이 부처님이
이 도리 밝히시니

무수한 제자들이
신명을 받쳤다네.

과거에도 그러하고
현재도 그러하니

미래에도 변함없는
무위법이 되었도다.

위대한 성자가
이 땅에 오시니

모든 법은 제자리에서
여여하게 머무르고

가고 오고 있고 없고
주고받는 이 가운데

다함없는 축복이
온 세상에 두루 하누나.

제21회 큰마음법회 법문서시
2568(2024) 부처님오신날 법문

제1장 큰마음 법회 서시 모음

큰마음도량 봉축등

22 마음 땅에 보리를 심자

이른 아침 밖에 나와 거닐으니
푸른 숲속에 산새는 지저귀고

맑은 바람 가만히 불어오는데
골짝에 물소리 들려온다.

우리는 여기에서 무엇을 할까.
텅 빈 하늘에 흰 구름처럼

깊고 묘한 고요 속에서
무위자연의 도를 실현해야 한다.

모양 없는 이 마음 땅에
깨달음의 씨를 심어야 한다.

이 농사는 따로 가꿀 것 없고
있는 걸 비우기만 하면 된다.

비우고 비워서 무념에 이르면
있는 그대로 보리도는 완성된다.

어떻게 보리도를 키워 가는가.
일심으로 '나무아미타불'을 염불하라.

제22회 큰마음법회법문서시 2024.6.16

23 윤회란 무엇인가?

태어남이 있으니 죽음이 있고
태어남이 없다면 죽음도 없다.

생사가 있으니 열반이 있고
윤회가 없다면 해탈도 없다.

무명이 있으니 깨달음이 있고
중생이 없다면 부처도 없다.

수행자가 조주선사에게 물었다.

무엇이 위없는 큰도大道 입니까?
그대 평상에 쓰는 마음이니라.

부처에게는 번뇌가 곧 보리요.
중생에게는 열반이 곧 번뇌다.

평상을 떠나 따로 도道가 없지만
미혹한 중생에서는 윤회가 있다.

꿈에선 육도윤회가 분명하지만
꿈을 깬 성인에게 생사열반도 없다.

그대 윤회를 알고자 하는가.
한 생각 일어나고 멸하는 것이니라.

제23회 큰마음법회법문서시 2024.7.21

24 윤회에서 벗어나는 길

무엇이 윤회인가.
어두운 마음이다.

무명에 사로잡힌 마음 때문에
길을 잃고 윤회에 떨어졌다.

무엇이 해탈인가.
맑은 마음定이다.

밝은 마음慧은 여기에서 나오고
정定과 혜慧를 통해 도를 얻는다.

'나'라는 마음을 놓아버리고無我
이 몸 끌고 다니는 놈을 보라眞我

이 마음 바로 보지 못하면
윤회에 벗어날 기약이 없다.

무명에 가려진 이 마음에는
두 가지 미묘한 문이 있으니

하나는 고요한 마음이고
하나는 나타난 마음이다.

이 마음에 의지하여 염불한다면
여기에서 대 해탈을 성취한다.

제24회 큰마음법회법문서시 2024.8.18

25 대장부의 길

무더웠던 여름이 지나가고
선선한 바람이 불어온다.

이 변화무상한 속에서
우리는 무엇을 할 것인가.

자신을 가꾸고 정진하는 것
이것이 여름의 뜻이다.

가을은 근원을 돌아보는 것
여기 축복이라는 결실이 있다.

눈을 밖으로 향하면
온갖 경계가 어지럽고

자신의 내면으로 향하면
선악과 시비가 사라진다.

자기를 잊고 대의를 따름이여!
이것이 대장부의 길이다.

제25회 큰마음법회법문서시 2024.9.15

26 가을 소리 들으며

산 높고 골 깊은 태백산은
여름은 짧고 가을은 길다.

해지면 서늘한 바람 불어오고
골짝의 물소리 차갑게 들린다.

구름은 한가로이 흘러가는데
귀뚜라미는 가을 소식 전한다.

저 허공은 언제나 그대로인데
어찌하여 세월은 흐른다고 하는가.

흐름과 흐르지 않음이
같지 않으나 다르지도 않으니

두 가지 마음에 벗어난다면
존재 그대로 참마음 들어나리라.

만일 그렇지 못하다면
다시 마음정토 찾아야 하네.

제26회 큰마음법회법문서시 2024.10.20

27 사계절의 의미

봄. 여름. 가을. 겨울이여!
변화가 무궁하여 끝이 없구나.

이 광활한 우주적 경계에도
네 가지 계절이 있으니

생겼다가 일정 기간 머무르고
때가 되면 무너지고 사라진다.

인생에도 사계절이 있으니
태어나고 늙으며 병들고 죽는다.

이처럼 존재하는 만물도
사계절을 벗어날 수 없듯이

인생도 존재하는 그대로 보면
있는 그대로 완전하여 모자람 없다.

오직 이 가운데 큰일이 있으니
내가 나를 바르게 보는 것이다.

제27회 큰마음법회법문서시 2024.11.17

28   정토로 가는 길

무엇이 우리를 행복하게 하고
무엇이 모두를 불행하게 하는가.

정토淨土는 행복을 위해 존재하고
예토穢土는 업력 때문에 생겨난다.

청정한 마음과 믿음은
우리에게 영원한 안락을 주고

세속에 물들고 집착하면
영원히 윤회에서 벗어나지 못한다.

정토는 내 마음의 땅이요
내가 참나를 찾아가는 길이다.

누구나 염불하면 아미타불 함께하고
아미타불 의지하면 정토에 왕생한다.

생각생각 아미타불 걸음걸음 아미타불
자나깨나 아미타불 일체처에 아미타불

이처럼 한결같이 염불한다면
정토왕생 못할까 염려할 것 없다네.

제28회 큰마음법회법문서시 2024.12.15

29 자기를 이긴 승리자

얼마나 오랜 세월 풍진風塵속에서
내가 나를 등지고 살아왔든가.

한 줌 흙덩이 같은 몸을 위하여
수많은 업장만 지어왔구나.

무엇이 가장 가치 있는 일인가.
참나를 돌이키는 일이다.

여기 팔만사천 작용 있나니
인류의 큰일도 여기서 시작된다.

수많은 전장에 승리한 영웅이라도
자신을 이긴 승리자에 비할 수 없나니

과거 무수한 부처님과 성인도
모두 다 자신을 이긴 승리자

이 길이 비록 어렵다고 해도
우리는 반드시 그 길로 가야 한다.

누가 무어라고 말해도
고뇌輪廻의 강을 건너야 한다.

제29회 큰마음법회법문서시 2025.1.19

30 새로운 시작을 위하여

나는 어디에서 왔다가
어느 곳으로 갈 것인가.

시작도 마침도 없는 길에서
끝없는 삶을 살아야 했다.

우리가 살아간다는 것은
시한부 인생 같은 것

이는 안수정등岸樹井藤이요.
절벽현애絶壁懸厓일 뿐이다.

나는 무엇인가.
무엇이 나를 여기 있게 하는가.

인생이 정처 없이 흘러가는 것이라면
한줄기 피어오르는 향 연기 같은
것인가.

후회 없는 인생을 위해
나는 어떻게 살아가야 할까.

자신을 바르게 돌아본다면
거기 시작과 마침은 없고

참나에 의지하여 살아간다면
영원한 삶으로 나아가는 것이다.

제30회 큰마음법회법문서시 25.2.1

31 마음 밭에 무엇을 심을까.

모든 중생에게는
마음이라는 한 떼기 밭이 있다.

이 밭은 참으로 미묘하여
무엇이든 심은 대로 생겨난다.

악을 심으면 나쁜 결과 나타나고
선을 심으면 좋은 결과 얻는다.

만일 마음 농사짓지 아니하고
마음 밭을 가꾸지 않으면

거기 망상 잡초가 무성하여
육도윤회 고난은 피할 수 없다.

이제 우리는 마음이라는 미묘한 밭에
영원한 행복의 씨앗을 심어야 한다.

무엇이 영원을 기약하는 씨앗인가.
보리라는 깨달음의 씨앗을 심고

염불(나무아미타불)은 양식이 되어
행복이라는 마음정토 이루게 된다.

제31회 큰마음법회법문서시 2025.3.16

32 우리의 근본

세상의 이치는 옳음이고
우리의 근본은 진리이다.

무엇이 옳음인가.
정견正見 정좌正坐 정행正行이다.

무엇이 우리의 도眞理인가.
무아無我 지혜智慧 자비慈悲이다.

뿌리가 깊다면
세찬 폭풍에도 쓰러지지 않고

광활한 바다는
어떤 재앙에도 소멸하지 않는다.

사람이 살아갈 때
나의 근본에 의지한다면

세상이 아무리 어지러워도
그는 위태롭지 않다.

마음은 만법의 근본이고
우리의 근원은 마음이다.

이 마음에 의지하여
모든 고난을 극복하자.

제32회 큰마음법회법문서시 2025.4.20

33　행복의 문

참다운 행복을 바라는가?
그렇다면 사심을 버려야 하네.

근본을 보고 큰 뜻에 의지하면
행복의 문은 저절로 열리고

현상을 보고 따라가면
즐거움과 괴로움이 나타난다.

어리석은 사람은
종일토록 자기를 위하지만

고통은 멈추지 않고
일을 하지만 공덕이 없다.

지혜로운 사람은
오직 큰 뜻을 위해 일하기에

그 속에 고난이 있다 해도
도리어 그것을 즐길 수 있다.

만일 영원한 행복을 원한다면
어떤 경계도 무심으로 대하고

언제나 순수한 마음으로
나무아미타불을 염송하라.

제33회 큰마음법회법문서시 (2025.5.18)

34 어둠을 밝히는 큰 빛

새벽어둠 밝히는 큰 빛이여!
모든 고뇌 벗기는 지혜의 빛이여!

그대는 세상을 비추고 있지만
세상은 아직 무명에 취해 있다.

누가 일어나 밝음을 지을 것인가.
그리고 세상의 빛이 될 것인가.

촘촘한 그물을 뚫고 나온 물고기
그는 세상그물 벗은 자유인이다.

아 - 삼독에 취한 중생이여!
삶의 지혜와 자유를 잃었다.

내가 나를 돌아보는 지혜로운 자
그는 둥근 달처럼 만상을 비춘다.

비록 어디에도 영향 받지 않지만
존재 자체로 온 세상을 밝힌다.

제34회 큰마음법회법문서시 2025.6.15

35 연꽃의 의미

깊은 산 고요한 연못 속에
백련화 아홉 송이 피어났다.

활짝 피어난 흰 연꽃이여!
극락정토 구품연대 상징하는가.

청정과 오염을 넘어선 자리
선악이 없음을 드러내었고

이치와 현실이 원융한 뜻을
백련은 언제나 보여주고 있다.

연꽃에 열 가지 덕이 있으니
모든 부처님의 자리가 되고

중생과 부처와 마음이
절대평등 무차별을 보였다.

아 ~ 만법이 일심으로 돌아가니
하나는 다시 백련으로 나타났구나.

제35회 큰마음법회법문서시 2025.7.20

36 진정한 삶을 위하여

깊은 밤 산사의 기온은 선선한데
저 멀리 두견새 소리 들려온다.

이 산중은 언제나 고요하지만
세상은 아직도 분분하구나.

살아감에 무엇이 가장 소중한가.
삶 속에 한가함을 아는 것이다.

마음의 여유를 가진다는 건
자기를 바로 본다는 것이다.

얻음과 잃음 속에 방황하고
존재와 비존재에 번민한다면

먼저 자연의 이치를 보고
자아의 늪에서 벗어나야 한다.

자연을 통해 무아를 본다면
어디에도 흔들림 없는 삶이 된다.

제36회 큰마음법회 3년 마침 법문서시
25년 8월 17일

※ 본시는 '우리함께 가는 길' 탈고한 뒤
   소감을 이렇게 쓴 것이다. 2025.7.23.

37 완전한 삶

중생이 곧 부처라 하나
그것은 닦아서 이루었고
번뇌가 곧 보리라 하지만
깨달음 없이 계합되지 않는다.

말세여! 혼돈이여!
오늘의 어둠을 밝히는 일은
미래를 살아갈 우리에게
커다란 과제가 되었다.

무엇이 참다운 '나'인가?
나라고 하나 나란 본래 없고
남이라 해도 맞지 않으니
오직 양변을 떠나야만 한다.

무엇이 세상에 최상인가.
존재의 근본이 되는 이 마음
여기 일체 만법 나오니
마음 닦음이 가장 소중하여라.

나를 잊고 일심염불할 때
마음 정토는 완성되어 가고
모든 사람이 염원하는
완전한 삶은 이루어진다.

오늘 모두 이 속에 있으니
보고 듣는 그대로 축복이요.
세상 그대로 불국토가 되어
만류가 여기에서 행복하도다.

제1차 큰마음도량 정진법회 법문서시
2025년 9월 21일

38 마음정토 찾아서

삼계三界는 감옥이요.
사생四生은 고해苦海로다.

여기에 출몰하는 중생이여!
이것이 윤회하는 모습이다.

내가 스스로 나의 길을 잃고
오래도록 무명에 갇혀버렸다.

인류의 고뇌는 여기에서 시작되고
괴로움도 거기에서 끝난다.

내 고향 찾아 가는 길 험난해도
이제 깨어나 그 길로 걸어가자.

아무리 세찬 폭풍이 불어오고
수많은 장애가 있다고 해도

맑은 물이 흐르는 꽃피는 저 언덕
그 정토를 향하여 길을 나서자.

어떻게 정토를 향해 갈수 있을까.
오로지 일심으로 염불정진하자.

제2차 큰마음도량 정진법회 법문서시
    2025년 10월 19일

39 일심으로 염불하자

온갖 생각을 내려놓고
고요히 앉아 염불하니

세상사 내가 알 필요 없고
칭찬과 비방도 상관하지 않는다.

신기하구나!
염불하는 이 마음이여!

천만 가지 신통묘용
이 가운데 갖추었구나.

아득한 저편 언덕에서
우리를 기다리는 부처님!

이제 다른 생각 하지 말고
다 함께 일심으로 염불하자.

지극한 마음으로 염불한다면
반드시 연꽃 피는 정토에 가리라.

모든 성인이 찬탄하신 정토염불
우리 다 같이 배우고 닦아가자.

제3차 큰마음도량 정진법회 법문
　토굴결사 입제 법문 서시
불기 2569년(2025) 11월 16일

우리 함께 가는 길

염불선 수행 정진

제2장 태백산에 머물면서

태백산 토굴 정진실

40 마음의 꽃

청명한 하늘 아래
따뜻한 햇살이 비춰주는

뜨락 모퉁이에
한 송이 꽃이 피어났다.

뭇 생명은 활기를 찾고
대지엔 봄기운 완연하구나.

새롭게 시작하는 이 계절에
우리는 여기에서 무엇을 할까.

봄이 오고 가을이 와도
여름이 오고 겨울이 와도

영원히 시들지 않는
마음의 꽃을 피우자.

열반재일 법문서시 2016. 2. 15

41　새봄의 향기로움

기나긴 겨울이 지나가고
새로운 봄이 찾아오니

뜨락 가에 풀잎이 나오고
먼 산의 아지랑이 춤을 춘다.

골짝에 물소리 들리고
벌 나비 즐겁게 날아다닌다.

나 오늘 법왕사에 오니
우뚝한 산은 그대로인데

오고가는 사람은 없고
간간이 풍경소리만 들린다.

법당엔 향 내음 스치고
외로이 촛불만 깜박인다.

무상의 바람은 불어오는데
이 가운데 우리는 무엇을 할까.

세상의 모든 집착 내려놓고
일심정성으로 한결같이 염불하자.

포천 법왕사 개원법회 법문서시
2016. 4. 10

42 봄의 단상

온 세상 도시는 개미집 같고
일천 성인도 번개불 같구나.

여기 주고받음 없는 경계여
태초부터 변함없는 모양이네.

일만 가지 경계와 모양은
허공 속에 나타난 꽃과 같고

얻고 잃고 이기고 지는 일
꿈속의 일과 다르지 않구나.

좋고 나쁨에 특별한 것 없으니
아무것도 분별할 것 없도다.

참된 모습은 언제나 그대로인데
다시 무엇 생각할 것 있으리.

만물은 존재 그대로 여여하니
현상 그대로 두고 그대로 보라.

봄이 되면 산은 저절로 푸르나니
종일토록 묵묵히 앞산을 대한다.

수도암 조사전에서. 2014.3.28.

43 자연의 향기

꽃피는 사월이라
향기로운 꽃은 피고

맑은 하늘 흰 구름
온 도량을 장엄하네.

만물이 소생하는
따뜻한 날씨 속에

우리는 여기에서
무슨 일을 할 것인가.

밝고 맑은 지혜의 꽃
자비로운 선정의 꽃

모든 중생 기뻐하는
미묘한 공덕 장엄

우리 모두 다 같이
마음속에 이뤄보세.

영주 대승사 개산 10주년 법문 축시
　　2011년 양력 4월 8일

44　태백산의 가을

산 높고 골 깊은 암자에
가을은 점점 깊어만 가고

그윽한 계곡에 청아한 물소리
황금빛 산색은 비단에 수놓은 듯

가을바람 소슬하게 불어올 때면
땅위에 떨어지는 마른 나뭇잎

자연은 때가 되면 스스로 변하는데
우리는 여기에서 무엇을 할 것인가.

가을이 가면 겨울이 오고
세월이 가면 인생도 흐르겠지.

무상의 바람은 쉼 없이 불어오는데
마음 고향은 언제쯤 갈 것인가.

태백산 토굴에서 2019 10 28

45 자연 속에서

때 늦은 가을인가.
실바람 불 때마다
나뭇잎은 힘없이 떨어진다.

오묘한 이 움직임이여!
신비한 대자연 속에서
나는 인생을 보았다.

자연은 언제나 있는 그대로
존재의 실상을 나타내고
언제나 만물의 근본이 된다.

사람이 만일 자연과 동화되어
'나'에 집착하는 상을 버리면
무엇을 번민할 것 있겠는가.

작용 속에 무심하다면
하는 일마다 진리에 부합하고
존재 그대로 해탈이 된다.

백일기도입제 법문서시 2017년10월

46 영주 대승사에서

저 멀리 소백산은
웅장하게 솟아있고

묘한 기운 서린 곳에
대승사가 자리했다.

아홉 맥이 모여
도량이 되었으니

부처님 가르침이
왕성하게 꽃피우리.

우거진 숲속에
우뚝하게 솟은 보탑

높고 높은 부처님 법
온전하게 품고 있네.

고요한 바탕 속에
완전한 모습이여!

양변을 모두 떠난
대승자비보탑이로다.

숲속에서 들려오는
새소리 바람소리

대승의 묘한 이치
온전하게 전해주고

청정한 그 가운데
현전삼보 모습이여!

모든 중생 구제하는
위대한 대승정신이로다.

영주대승사 백중법문서시   2019.7.

영주 대승사 보탑 일출광명

47 가을 단상

소슬한 가을바람 불어오니
산색은 점점 물들어가고

뜨락에 풀벌레 소리 들리는데
저 하늘 흰 구름 떠나가네.

창문을 열어놓고 앉았으니
보고 듣는 그대로 참모습이고

생멸 변화하는 그대로
영원성 아님 없구나.

흘러가는 흰 구름 세월 같다면
삶 또한 연기처럼 사라지는 것

인생사가 한바탕 꿈이라면
이속에 얻고 잃음 무엇하리

이제 모든 집착 내려놓고
일심으로 염불하자.

태백산 토굴에서 2023. 8. 10.

48 가을 속에서

가을소리 들려오는데
간간이 서늘한 바람 불어온다.

산색은 아직도 푸르지만
어느새 가을정취 완연하여라.

세월은 계절 따라 변화하고
인생도 세월 따라 흘러가지만

이 모두에 무심하다면
무상無常은 어디에서 오는가.

나 오늘 가을소리 들으며
인생의 심원한 곳 생각해 보네.

영주불교대학 법문서시 2019. 9. 5.

49 늦가을 아침에

하얀 서리 내린 고요한 산사
길가에 떨어진 마른 나뭇잎
가을도 점점 깊어만 가는구나.

오늘 문득 앞산을 보다가
사계절이 본래 그러한 줄 보고
시작이 곧 마침인 줄 알았네.

한 그루 나무에 삶이 있으니
생노병사와 희노애락을
한자리에서 볼 수 있구나.

인생에 무엇이 가장 소중한가.
만물과 내가 다르지 않으니
보는 놈을 보는 일이라네.

백일기도 입제법문서시 2022. 11.

50 낙엽을 보면서

어느 가을날
실바람 불 때마다
힘없이 떨어지는 나뭇잎
인생도 그렇게 떠나가겠지.

아끼고 좋아하고
소유하고 싶은 것들을
그대로 남겨두고
먼 세계로 가야만 한다.

하고 싶은 일들 때문에
발버둥 치고 애를 쓴다고 해도
내 것이 될 수 없는 일
애착한들 무슨 소용 있겠는가.

삶에 애착하고
욕망에 노예가 되어
부귀와 영화를 누린다 해도
그것은 한순간일 뿐

삶의 마지막까지
후회 없는 사랑을 한다 해도
아름다운 정을 나누었다 해도
무상無常의 한은 어찌할 건가.

나는 이제
모든 생각을 떠나
세상일은 모두 인연에 맡기고
묵묵히 앉아 앞산을 보다가

숲속에 지저귀는 새소리에
덧없는 세월은 잊어버리고
흐르는 골짝의 물소리에
어지러운 마음 씻어버린다.

나는 이제
남은 생에 아무런 바램 없이
주어진 일은 순리에 따르고
머무름 없는 마음으로

저 푸른 허공 속에
한 점 흰 구름 되었다가
어느새 깊은 침묵
그 고요 속으로 들어가리라.

태백산 토굴에서 2024년 가을

51 초겨울을 맞이하며

찬바람 불어오는 오후
나는 고요히 숲길로 걸어간다.

나뭇잎은 떨어져 뿌리를 덮고
솜옷은 찬 기운을 막아준다.

모진 겨울 추위 지나가고
훈풍이 불어오면 새싹이 나겠지.

자연은 이렇게 움직이고
흰 구름처럼 걸림 없는데

아직 준비하지 못한 사람들
지금 무엇을 하고 있는가.

태백산 토굴에서 2022. 11.

52   떠나는 도반을 보며

아무리 좋은 일이라도
인연이 다하면 장애가 생기고

옳지 못한 일이라도
한때는 성할 수 있나니

만나고 헤어지는 일
오직 인연 따라 일어나기에

과거사에 묶일 것 없고
미래 일에 기대지 마라.

물처럼 바람처럼
좋으면 좋은 대로

나쁘면 나쁜 대로
현상 그대로 나아간다면

있는 그대로 현재가 되어
날마다 좋은 날이 되겠지

그러기에
좋은 일이라 들뜰 것 없고

좋지 못한 일이라도
근심할 것 없도다.

넓은 허공에 흰 구름처럼
어디에도 걸리지 않듯이

이 세상 나타난 모든 일은
내 것도 남의 것도 아니다.

인연 따라 왔다가
인연 따라 지나가는 것

허공에 나타난 허상을
무엇하려 붙잡을 것인가.

이 가운데에서
아무것도 애착할 일 없구나.

오늘도 나는 무심히 앉아
종일 말없이 앞산을 대한다.

영주 대승사에서 2017. 12.

큰마음동산으로 포행중

53 내가 이 산山에 온 뜻

눈부신 햇살이 창을 비추고
정적이 흐르는 깊은 토굴에

한 줄기 바람이 불어오더니
그대들 홀연히 여기 왔구나.

너희들 생각을 고요히 하고
내 마음의 말을 들어 보라.

세상의 모든 애착과 집착은
모두 인정에서 나오는데

나 이미 그것을 알아
세상 인정 끊어 버렸네.

티끌만한 정을 남겨두면
어미 소를 찾는 송아지처럼

그로 인해 애착이 나오고
다시 미움도 생겨나리라.

이 산중 고요하여 무심하거니
친소親疏가 어디에 있겠는가.

하루 한 번 밥해 먹고
종일토록 앉아 있으니

그토록 일어나든 분별망상
떠가는 구름처럼 사라졌네.

여기에는 아무 것도 없으니
무엇을 반연하여 마음이 날까.

오늘 이렇게 보는 것은
오직 지난 인연일 뿐이라네.

태백산 토굴결사 중 1998. 여름

54 깊은 고요 그 속에서

적막강산에 만상은 잠들고
나는 언제나 여기에 앉아

끊임없이 마음을 관하고
고요히 만상을 대한다.

새소리마저 들리지 않는
고요한 밤에 나 홀로 깨어

아무것도 생각할 것 없는 가운데
깊은 고요 그 속으로 들어간다.

주고받을 것 없는 여기에서
이렇게 앉아 그 뜻을 본다.

태백산 삼매굴에서 2021년 늦가을

55 흰 구름 보면서

높은 하늘 아득히 펼쳐지는데
한 점 흰 구름 저 멀리 떠가네.

마음은 바다와 같아
백 천 강물 모두 받아주고

성품은 허공과 같아
끝없는 경계 속에 걸림 없구나.

홀연히 한 생각이 일어나면
대천세계 다투어 일어나고

고요히 근원에 들어가면
보는 그대로 적멸도량 이루네.

수도암 정기법회 법문서시 2014.8.5.

56 보리심에 의지하자

만물은 존재하는 그대로
본래부터 부족함이 없나니
이것은 보리심의 근본

나를 위해 나를 잊고
대의에 따라 움직이는 것
이것은 보리심의 묘용妙用

이와 같은 이치를 보고
끊임없이 정진하는 것
이는 보리심으로 가는 길

대자연의 오묘함이여!
존재 그대로 충만했으니
이는 보리심의 공덕

아 ~ 보리심의 뜻은
중중무진하여 끝이 없으니
우리 모두 보리심에 의지하자.

가려 뽑은 입보리행론송 출판법회 서시
 서울 양지회관 2024년 9월 28일

57 온전한 살림살이

지혜로운 높은 산 올라서서
수많은 산을 굽어본다.

높고 낮은 산들이 솟아있고
깊고 얕은 골짝은 이어졌구나.

푸른 하늘 흰 구름 떠가고
맑은 바람 간간이 불어오는데

이 가운데 길이 있나니
존재 자체로써 완전하도다.

그대 삶을 이해하고자 하는가.
눈앞에 자연을 가만히 보라.

삶과 만물은 둘이 아니기에
존재 그대로 중도일 뿐이다.

수도암 정기법회 법문서시
2016년 3월 6일

58 한 줄기 광명

하늘은 어둡고
세상은 어지럽다.

미혹 때문에 중생은 병들고
고뇌에서 벗어나지 못한다.

겁말劫末에 일어나는 현상에서
무엇이 우리에게 중요한가.

그물에 걸리지 않는 바람처럼
걸림 없는 삶을 살아갈 수 있을까.

오직 무념無念이라는 길에서
불성광명과 하나 되어야 한다.

내가 나를 모르는 삶이여!
무한 세월 육도에 윤회했도다.

나 아닌 것이 나의 주인 되어
올바른 길을 잃어버렸다.

만일 현상을 바르게 본다면
'참나'는 다른 곳에 있지 않고

잘못된 '나'를
바로 보는 곳에 있다네.

영주 대승사 백중법문서시 2020. 8

59 참된 삶으로 나아가자

하늘은 맑고 산은 푸르다.
시냇물은 소리 내어 흐르고
숲속에 매미는 즐거이 노래한다.

이것은 무엇을 의미하는가.
자연을 보는 자 삶을 보고
삶을 이해하는 자 자연을 본다.

참삶은 무심하여 사私가 없는데
무엇을 통해서 체득할 수 있을까.
오직 나를 잊고 도를 보는 것이다.

사심을 버리고 큰마음 따른다면
가는 곳마다 안락한 정토요
서 있는 곳이 곧 해탈이다.

바른 믿음과 청정한 마음으로
부지런히 탁마하고 기도하라.
일심염불 속에 참된 삶이 있다.

영주대승사 백중법회 법문서시
2025년 9월 6일

60 가장 이상적인 삶

우리는 억겁의 무명으로부터
완전하게 벗어날 수 있으며
여기에서 자유로울 수 있을까.

가장 이상적인 삶이란 무엇이며
어떻게 전인성으로 살아갈 수 있는가.

먼저 마음을 고요히 하고
내 마음에서 나를 찾는 일이다.

이 마음을 바로보지 못하면
수많은 생각에 사로잡히고
가지가지 현상이 나타난다.

밖에서 온 것은 영원하지 않나니
이는 얻은 것 같으나 잃었다는 것
고요히 왔다가 연기처럼 사라진다.

이제 진정한 삶을 위해
나타난 허상에 마음 두지 말고
지극한 마음으로 일심염불하라.

백일기도 염불정진 하는 뜻은
내 마음 내 고향 가는 길이고
거기에서 내가 참나를 만난다.

영주 대승사 백일기도 입제 서시
    2025년 11월 9일

61 연꽃을 바라보며

푸른 하늘 고요한 연못 속에
청초하게 피어난 연꽃 한 송이

한줄기에 하얀 꽃잎이여!
황금보좌를 감싸주고 있다.

목단처럼 하려하지 않지만
기품과 조화로움 갖추었고

국화처럼 강인하지 않지만
어디에도 균형을 잃지 않았다.

만물의 기준 되는 곳에서
고고하게 피는 품격이구나.

언제나 맑고 단아한 모습은
정토에서 내려온 백련이련가.

나 그대에게 한마디 하나니
영원히 변치 않는 금련화라고...

태백산 토굴 연지에서 2025년 7월 22일

62 연못 가운데 달

바람 없는 고요한 연못에
저 하늘에 둥근달이 나타났다.

물 가운데 달이여!
연못 속에 나타났구나.

만상이 잠든 고요한 밤에
외로이 온 세상을 비춘다.

물속에 있으나 물들지 아니하고
세상에 있으나 오염되지 않는다.

마음 달이 고요히 연못을 비추니
물과 달과 마음을 모두 잊었네.

태백산 토굴에서 2025 여름

제3장 정토로 가는 길

태백산 큰마음도량에 핀 백련화

63 어떻게 살 것인가.

태고적 고요 그 오묘한 자리에
홀연히 일진광풍이 불어오더니

오대양 육대주가 생겨났고
좋고 나쁜 일들이 만들어졌다.

또다시 혼탁한 세상이 되니
가지가지 어둠이 나타났다.

무엇이 지금
이 시대를 살아가는 사람에게

혼탁한 정신을 맑혀주는
영원한 행복이 될 것인가.

근원으로 돌아가면 해탈을 얻고
밖으로 향하면 괴로움을 만든다.

어지러운 세상을 안정하려면
대의大義에 따라 움직이는 것

나와 남을 구제하는 길은
일심염불 그 속에 있다.

영주 대승사 정기법회 법문서시
2025년 9월 7일

64 큰마음 큰지혜

고요한 근본에 만 가지 현상이여!
주고받음 없는 속에 나타났도다.

중생이 여기에서 길을 잃으니
무명의 숲에서 선악이 나왔고

나라는 허상이 생겨났기에
이로부터 세상은 벌어졌다.

무엇으로 이 어둠 밝힐 것인가.
어떻게 윤회에서 벗어날 것인가.

한 생각 어둠을 돌이켜
큰마음이라는 밝음을 지으라.

세간의 옳고 그름을 벗어나
큰마음의 지혜를 일으킨다면

인간의 모든 고뇌 속에서
진정한 삶의 지혜 얻는다.

이제 우리는 이 길을 가기 위해
일심으로 아미타불을 염송하라.

여기 천하를 넘어서는 도가 있고
진정한 자유와 해탈이 있다.

영주대승사 첫째 일요일 법문서시
 불기 2569년(2025)7월 6일

65 큰마음의 이치

한 물건이 있으니
이것이 큰마음이다.

크다면 천지 허공보다 크고
작다면 미세먼지보다도 작다.

큰마음의 작용은
무아 자비에서 나오나니

봄에는 꽃이 피고
가을에는 열매 맺는 소식이다.

무변허공에 둥근달이여!
세상의 어둠을 밝히는데

깊은 골짝의 폭포수여!
끝없는 장광설이 아니겠는가.

큰마음의 오묘한 이치는
일체에 두루하여 끝이 없고

여기에 의지하여 수행한다면
일심염불 그 가운데 있다.

우리 모두 큰마음에 의지하여
영원히 참된 '나'로 살아가자.

경기도 화성 다보선원 법문서시
2025년 10월 11일

66 무엇이 나를 자유롭게 하는가.

자유는 구속에서 나오고
해탈은 도道에서 나온다.

생각은 삼계를 만들고
다시 거기에 구속되었다.

진정한 자유는 내면에 있으니
자기를 바로 보아야 한다.

내가 나를 모르는 무지 때문에
중생과 부처를 갈라놓았다.

오랜 세월 무명의 그림자에 속아
존재 그대로 실상인 줄 알지 못한다.

부처는 중생을 떠나지 않았지만
중생 스스로 부처를 등지고 있다.

이제 근원을 돌이켜 현상을 보라.
있는 그대로 묘용과 해탈이다.

이제 깨어나 대 자연을 보라.
여기 참된 자유와 해탈이 있다.

영주 대승사 정기법회서시 2025.12.7.

67 우리 모두의 길

만물이 머무름에 길이 있으니
존재 그대로 길 아님이 없다.

길은 만물의 근본이기에
길 없는 곳에 존재도 없다.

만물의 근본이 길이라면
우리가 함께 가는 이 길에는

너와 나는 둘이 아니고
중생과 부처는 하나가 된다.

중생과 마음이 곧 부처라면
만법은 본래부터 차별이 없고

이치와 만물이 둘 아니므로
만물을 통해 실상을 본다.

둘 아닌 속에 참이 있으니
이것이 우주와 인생의 참모습이다.

한국도로공사 법문서시 2016.7.8

68 효심孝心은 선의 근본

무엇으로 부처님의
큰 은혜 갚을 수 있을까.

무엇으로 일체중생의
모든 은혜 갚을 수 있을까.

양심 속에 은혜가 있고
은혜를 생각할 때 착함이 있다.

양심이 없으면 은혜를 잊고
은혜를 모르면 정신이 황폐된다.

효의 근본은 인생의 기본이며
나와 남을 하나로 보는 것이다.

부처님이 가르쳐주신
초월적인 효孝속에

나고 죽음 뛰어넘는
깨달음의 길이 있다.

영주 대승사 백중법문 서시
2019년 음 7월 15일

69 부처님께 향하는 마음

아득한 정토 저 언덕에서
중생을 기다리는 부처님!

저희들 이제 합장하고
일심으로 귀명정례 하옵니다.

이토록 어둠에 벗어나지 못하고
괴로움에 몸부림치던 중생이

이제 부처님 뵈옵기를 청하고
일심으로 염불기도 올립니다.

아무리 세상이 어지러워도
더 이상 흔들리지 아니하고

간절한 마음으로 염불하면서
극락세계 태어나길 원합니다.

영주 대승사 백일회향 법문서시
2013년 3월 2일

70 우리들의 가족

방편은 어머니요
지혜는 아버지니

시방세계 부처님이
여기에서 나시었네.

자비심은 딸이 되고
정직함은 아들이며

용맹심은 친구 되고
온화함은 이웃이며

정진력은 수레 되고
원력은 목적되어

날마다 보살행을
끊임없이 실천하네.

남을 위해 나를 쓰니
모든 일이 불사佛事되고

나를 위해 나 잊으니
일체법이 참되도다.

깨끗하고 지혜로운
둥근 마음이여!

고요하고 자비한 모습
부처마음 현전일세.

태백산 토굴에서 2025년 3월

71 마음 닦는 기도

일심으로 기도하는 불자여!
고요한 마음으로 염불하라.

마음 거울 맑아지면
일만 공덕 나타난다.

그대 만일 사심 있으면
미혹 속에 길을 잃는다.

번뇌는 마음의 때가 되고,
세상엔 무지의 때가 있다.

때 묻은 옷 물로써 씻어내듯
마음의 때는 기도로써 씻는다.

정성스런 기도 속에
마음의 때 씻어내면

일체 처 일체 시에
뜻과 같이 안락하리.

영주 대승사 정기법회 법문서시
2025년 8월 3일

72 큰마음경기분원 개원법회서시

하늘의 이치를 통달한다는
건달산乾達山아래 도량 있으니
큰마음도량 염불선원이다.

주산에서 내려온 힘 있는 자리에
좌측엔 청룡이요 우측엔 문필이라
앞산에 복 있으니 이곳은 길지로다.

무엇이 우리를 이롭게 하는가.
위대한 보살도 염불선 길이여!
이 속에 무궁한 보배多寶 있도다.

내가 나를 찾아가는 염불수행은
이 시대를 살아가는 유일한 방편
미혹을 밝혀주는 광명이여라.

한마음 속에 큰마음 길 가는 자여!
무아無我는 양식 무상無相은 나의 집
시공 없는 저 언덕(정토)에 가리라.

전환시대 살아가는 사람들이여!
밖을 향해 무엇을 얻으려 말고
내면에서 참된 보배 찾아야 하네.

큰마음도량 경기분원 개원법문 서시
2023년 10월 7일

73 혼란의 시대를 사는 법

한 생각 어둠으로 인하여
사람들은 길을 잃고 방황한다.

나는 무엇이고
세상이란 무엇인가.

혼돈 속에 살아가는 사람들
소중한 정신적 가치를 잃어버렸다.

전환시대를 맞이한 오늘날
우리는 지금 어디에 있는가.

밖으로 향하는 이기심 때문에
내면의 광명은 나오지 않는다.

인생사 문제의 근원은
자신을 돌아보지 못함이다.

가는 곳마다 주인을 지으라.
그러면 있는 그대로 참되다.

세상에 처하되 도道에 의하면
이는 모든 일의 주인이 된다.

시대를 따라가면 근본을 잃고
대의에 의지하여 세상을 보면

하는 일마다 진실하고
어떤 현상에도 안락하다.

(2025년 4월 24일)
영주 경북불교대학 법문서시

74 백화百花가 핀 이치

홀연히 연꽃 한 송이 나오니
백화가 동시에 나타났다.

달마는 문자를 세우지 않았지만
문자 넘은 이치를 보여주었고

육조는 문자를 취하지 않았지만
단경 속에 종지를 갖추었다.

그러나 이것은
출격出格장부의 기상이요.

이 문에는
하나도 버리지 않는다.

때로는 쉬지만 도리어 쓰고
때로는 쓰지만 곧바로 쉬나니

여기 체용體用이 하나요,
적조寂照가 동시라.

이것이
선종의 살활자재殺活自在 아니겠는가.

백화가 피어나는 도리!
이것이 나의 법문집이다.

산 위에 흰 구름 한가롭고
청천 허공에 별이 빛나는구나.

법문집 서시 2013년 9월

75 이 시대를 살아가는 지혜

어느날 태양이 빛을 잃고
천지는 암흑으로 덥혀 버렸다.

무명의 바람이 불어오니
홀연히 산하대지는 나타나고

순식간에 변화된 속에서
새로운 삶은 시작되었다.

또다시 오탁악세 나타나니
온갖 삿된 기운 치성해졌다.

두려움에 방황하는 중생들
어디에서 안정할 것인가.

일심염불하는 그 길에서
모든 환난 벗어나게 되리.

서울 양지회관 법문서시
2023. 4. 22.

76 잃었던 불심을 회복하자.

일찍이 부처님이 샛별을 보시고
만법은 본래 부처라고 설하셨다.

이로부터 시작된 큰 가르침은
중생이 가야할 길을 보여 주었고

면면히 내려온 거룩한 법은
무수한 성인을 배출했다.

부처님 해가 중천에 떠 있으니
만류 중생은 길을 찾아 걸었다.

세월은 흘러 정법시대 지나가고
혼란한 시대 각종 마가 치성하니

정법은 점점 기운이 쇠약하여
사방을 둘러봐도 종자가 없구나.

후래의 제자들은 근기가 약하여
위대한 가르침 감당하지 못하고

명리를 탐하다 구렁에 빠져
다시 벗어날 기약이 없도다.

이제 우리 간절한 신심으로
거룩한 부처님 법 받들고

잃었던 불심을 키우기 위해
지극정성 백일기도 올리자.

영주 대승사 법문 2025. 5. 25

77 무문관에 들어가며

깊은 골짜기에
찬바람 불어오니

온산의 나뭇가지
본체를 보이는데

이제 모든 일 내려놓고
결사에 들어가고자 하노라.

홀연히 지난 일을 돌아보니
떠도는 구름처럼 흘러갔다네.

일찍이 불문에 들어와
선禪과 교教를 익혔고

교화의 문을 열어
큰마음의 길을 보여주었다.

이제 모든 걸 내려놓으니
지난 일은 아득하게 느껴지고

홀로 결사에 들어가니
산도 물도 옛 모습이네.

나 이제
그대에게 권하노니

망상의 주인 되지 말고
물질의 종이 되지 말라.

세상이란 언제나
시비선악은 다투고

세속적 논쟁과 분별심은
끝날 기약 없다네.

만일 여기에 무심하다면
일마다 연꽃이 피어나고

현상에 걸리지 않는다면
내 집에 돌아온 줄 알게 되리라.

무문관결사 입재법문서시 2013.10.15.

78 팔공산 천불선원 상량게上梁偈

팔공산 아래에 선원이 건립되니
이름을 천불선원千佛禪院이라 한다.

팔공산 정족봉은 주산主山되고
좌우에 뭇 봉우리 감싸준다.

주봉아래 삼산양수三山兩水
그 가운데 길지吉地 있도다.

삼산 양수간 그윽한 자리
8만평을 시주한 진여심이여!

그대의 불심은 급고독장자의
불심과 다름없구나.

도림법전道林法傳 큰스님이
여기에 대가람을 창건하였다.

음인陰人이 득세할 이 자리는
양인陽人은 받들어야 하리라.

산승이 오늘
후래後來 납자衲子에게 묻나니

천불千佛은 어디에서 나오며
무엇을 도림道林이라 하는가?

일초일목 그대로 천진불이니
이를 도림 속에 천불이라 한다.

여기 망심妄心이 치성하면
일천 도적이 나타나고

한 물건도 보지 않을 때
일천 부처가 소식을 전해주리.

※
상기上記 게송은 산승이 2004년 팔공산 도림사 선원장으로 있을 때 도림사 천불선원, 상량문을 지었는데 산승의 본 상량게上梁偈에서는 도림사의 도량 형세와 이 도량의 과거 현재를 서술했고 도량 미래에 대한 염려가 글 속에 있다.

불기 2548(2004)갑신년 음역 4월 10일

우리 함께 가는 길

79 지리산 봉화사 개산17년 축시

지리산 우거진 숲 깊은 골짝에
산이 열리고 법당이 들어섰다.

억겁의 어둠은 일시에 사라지고
사방 대중이 일심염불 이어가니
청정한 불국토가 이 땅에 나타났다.

하늘엔 꽃비 내려 축복하고
도량은 백화로 장엄했도다.

고요한 여기에서
부처님 뜻 받들고 교화하니
이름을 봉화사奉化寺라 했구나.

2022.10.3 봉화사 새벽염불 들으며

80 백일기도 회향법문서시

백일을 기약으로
정성 올린 불자여!
참회와 기도와 염불 속에
삼독을 소멸하고
삼학을 얻었는가?
그대여!
번뇌의 불을 끄지 못하고
윤회의 강을 건너지 못했다면
백일기도
아직 끝나지 않았네.

영주대승사 백일기도회향 법문서시
2011년 8월 24일

81 자승의 죽음을 보면서

어느 누가 말했던가.
권력은 한 줌 모래알 같다고
때가 되면 흩어질 것이니까.

나는 말한다.
인생은 한 점 흰 구름 같다고
나타난 것은 사라질 것이니까.

그대는 아는가.
너의 생명은 누구의 것이며
무엇이 만법의 근본인가를.

모래알 같다면 흩어질 것이고
흰 구름 같다면 사라질 것인데
무엇이 너의 참 모습인가.

무명無明은 거짓된 자아를 만들고
이러한 '나' 그 어리석음 때문에
미혹이라는 어둠에 갇혀버렸다.

모든 생명은 본래 평등하다.
여기에선 거짓이 없기에
진정한 모습을 보아야 한다.

아무리 하찮아 보이는 미물과
세상을 움직이는 존재라 해도
생生의 본질에는 차별이 없다.

이 생명은 내 것인가.
아니면 남의 것인가.

절대평등이라는 본체에
나와 남이 어디 있으랴.

내가 나를 죽이는 것 (자살)
남이 나를 죽이는 것 (타살)

여기 죄업이 다르다고 하지 마라.
태어남이 있으면 죽음이 따르지만

이것은 누구의 판단에 의하지 않고
오직 행위의 업보로 나타난다.

자승의 죽음을 미화하지 마라
그것은 내가 나를 죽이는 짓이며

또 다시 미혹의 함정에 빠져
허물을 더욱 크게 키우는 것이다.

그렇다고 행위를 비방하지 마라
그 또한 다른 업을 만들고

승가僧家에
더욱 큰 누(허물)가 될 뿐이다.

* 종단에 수많은 선악업을 지으며 불교계를 장악하고 농락한 자승의 권력은 천정부지로 높아 지드니 급기야 그 힘으로 세속적 정치에까지 깊이 관여하게 되었습니다.

권력이 정점에 서면 그 다음 추락 외에 길이 없다는 이치를 몰랐던 어리석음으로 인하여 점점 궁지에 몰리게 되었습니다.

본래 세력이란 처음에는 밖으로 향하지만 그 힘이 커지면 저절로 자신을 향해 다가올 때는 감당하지 못하고 끝을 보게 됩니다.

그러나 무지한 자들은 자승의 죽음을 보면서도 각성하지 못하고 또 다시 니전투구하는 모습을 보며 이들을 경종하고자 본 경세시警世詩를 지어 불교언론에 발표하게 되었습니다.

2023년 12월 26일

82 도반을 보내며

아 ~ 선사여!
이렇게 왔다가 가는가.

선사는 천성이 도인이라
홀연히 왔다가 떠나갔다.

태어나도 새롭지 아니하고
갔다고 특별하지 않지만

소중한 도반이 떠난 지금
깊은 생각에 말을 잊었다.

우리의 만남은 십대였는데
일찍 떠난 그대를 슬퍼한다.

천성이 무심했던 수행자여!
그대는 평생 화낸 적 없고

무상자비로 만물을 대했으니
본래 차별 없는 도인이었다.

선사는 평생 금강경을 독송했고
금강경의 무아 무상을 실천했다.

인자하고 무심한 진인이여!
그대의 육신은 한 줌 재로 변했고

사부대중은 여기 모였는데
선사의 혼령은 어디로 갔는가?

우암스님 영결 추도시 2015년 8월

83 사형을 보내며

무상이여!
무상하구나!

한 생각 일어나고
한 생각 사라지는 것이
생사라고 하지만

이렇게 홀연히 왔다가
아침 이슬처럼 떠나가는가.

얼마 전 찬바람 부는 날
은사스님 열반 드시고

절친한 도반도 갔는데
가까운 사형님도 떠났다.

모든 것은 인연을 따르지만
떠나간 인연들을 슬퍼하노라.

법당에는 향 연기 남아있는데
저 멀리 아득하게 펼쳐진
산봉우리만 외로이 솟아 있구나.

사형을 보내면서 2015. 6.

84 은사스님 추모시

호남 땅 끝자락 한 고을
늦가을 찬바람 불어오던 날
큰소리 외침이 있었다.

과거세 인연 따라
격동의 시대에 태어나
우렁찬 첫 일성 있었다네.

고뇌하는 유정有情을 위하고
불법의 기둥이 되고자
일찍이 출가하여 삼장을 보다가

조사의 마음 구하기 위해
침식을 잊은 고행 있었다.

자리에 앉으면 태산 같지만
묵묵히 세상을 움직였고
일대사를 위하여 몸을 잊었다.

종문을 하직하고 떠나가던 날
온 산은 흰옷으로 갈아입었고
골짝의 물소리 흐느껴 우는데
맑은 하늘에 무지개 피었다.

누가 있어 오늘 일을 묻는다면

산색은 변해도 본래 산이요
물은 흘러도 항상 그대로
만물은 언제나 실상을 보이는데
암전목인岩前木人은 할일이 없다하네.

은사스님 추모시 2014. 12.

85 부처님이 오신 뜻

갑인 사월 초파일 오시
백가지 꽃이 만개한 봄날에

천상천하 제일가는 부처님이
고뇌하는 중생을 위해 오셨다.

무명의 구름은 일시에 사라지고
깨달음의 광명은 법계를 비추었다.

아 ~ 거룩하고 장엄한 탄생이여!
만류 중생의 길을 보여주었고

큰 스승의 위대한 가르침은
중생들에게 해탈을 얻게 했으며

무심無心속에 백천 화신으로
현상 그대로 절대 진리 보였다.

부처님 오신 뜻 알고자 하는가?
봄에는 꽃이요 가을엔 열매로다.

영주 대승사 불탄절 법문서시
  불기 2564(2020) 5월

86 부처님의 진정한 뜻

지금부터 2568년 전
꽃피는 봄날
위대한 탄생이 있었다.

오고 감이 없는 자리에서
일체중생을 위하는
대자대비가 있었다.

무엇이 부처님 오신 뜻인가?
내가 나를 바로 보는 것이다.

이 마음으로 부처를 지으니
여기서 부처를 보아야 한다.

태초 한 생각 무명에서
산하대지와 만상이 일어났고

행위에 따라 업력이 생기니
홀연히 육도윤회가 나타났다.

이제 근원으로 돌아가
생각 이전 자신을 보라.

우리의 길은 여기 있고
역대 성인의 뜻이 된다.

태백산 큰마음 도량에서
불기2568(2024) 5월

87 부처님의 축복 그 광명

무명을 밝히는 등불은
서로를 비추고 이어져

나와 남을 밝히고
온 세상을 밝힌다.

그대는 빛이고
나는 길을 가는 자

그대로 인해 길이 있고
그 길을 걸어가는 사람들

나 또한 길을 가는 수행자.
그대로 인해 내가 있구나.

이 뜻을 전하는 등불이여!
그 빛이 법계에 충만했도다.

제3장 정토로 가는 길

오늘 우리 함께 가는 이 길에
부처님 축복과 영광 있기를…

서울 양지회관 불탄절 법문서시
불기 2568(2024) 4.27.

88 위대한 탄생(부처님 오신날)

부처님이 세상에 오셨으니
이는 만류 중생의 축복이요.
만물의 귀의처가 되었다.

걸음마다 연꽃이 피어나고
말씀마다 중생의 축복되며
모든 중생은 길을 찾는다.

행복과 평화는 이뤄지고
차별과 모순은 사라지니
부처님의 세계 나타나네.

거룩한님 여기 오시니
밉고 고움이 사라지고
자비로운 세상 이뤄지네.

아침 해처럼 오신 부처님
미묘한 방편으로
듣기 어려운 감로 법문하시고

만 생명을 구제하시는
영원하고 거룩하신 부처님!
우리 함께 받들고 배우세.

부처님 오셨네.
우리를 구제하려
여기에 오셨네.

나무석가모니불

태백산 큰마음 도량에서
 불기2569년(2025) 5월

89 위대한 광명(불탄절 서시)

하늘이 열리고 땅이 진동하니
거룩한 성인이 이 땅에 오셨다.

억겁의 무명은 바로 사라지고
자비광명은 시방세계를 비추네.

온산에 꽃은 피어나고
숲속에 산새도 즐겁게 노래한다.

중생을 위해 여기 오신 부처님!
가르침은 천상천하 제일 되니

걸음마다 연꽃이 피어나고
말씀마다 중생들은 길을 찾는다.

영원한 해탈과 큰 축복이여!
사바세계 오신 참된 뜻이로다.

오늘은 부처님오신날
우리 함께 큰 성인을 맞이하자.

나무석가모니불

봉화 관음사 봉축 전야제 법문 서시
불기 2563년(2019) 5월

90 부처님 오신날 봉축시 1

꽃보라 휘날리는 사월 초파일
고통받는 중생을 구제하고자
거룩하신 부처님 오셨네.

맑은 하늘 푸른 숲
고요한 이 자리에
연꽃 같은 부처님 오셨네.

어둠 속에 헤매는 중생들에게
깨달음의 길을 밝혀주고자
등불 같은 부처님 오셨네.

천상천하 가장 존귀하시고
만류 중생의 큰스승이신
자비하신 부처님 오셨네.

오늘은 축복의 날
우리들을 기쁘게 하고자
석가모니 부처님 오셨네.

봉축하세! 봉축하세!
우리 곁에 오신 부처님을
다 함께 봉축하세!

김천 수도암 봉축법회 법문서시
불기 2557(2013) 음력 4. 8.

91 부처님 오신 날 봉축시 2

한없는 축복이요
기쁜 사월 초파일

오늘 우리 곁에
중생 제도하고자 오셨네.

오늘은 즐거운 날
하늘과 땅에 꽃 보라 휘날리고
유정무정이 다 함께 춤을 추네.

오늘은 축복의 날
온 세상은 진동하고
일체중생이 즐거워하네.

중생의 모든 고통 구제하고자.
천상천하 비교될 수 없는
거룩한 부처님이 여기 오셨다.

천지를 뛰어넘는 첫 일성은
삼천대천세계에 울려 퍼지고
중도 실상 묘한 이치 보여주었다.

김천 수도암 봉축 법회 법문 서시
불기 2558(2014) 음력 4. 8.

92 큰마음 도량가

(1절)

하늘높이 솟아있는
장 대 한 기상이여!
깊고묘한 골짜기에
염불도량 들어섰다
앞 산 의 열두봉은
열두성인 예견되고
뒤쪽에는 태백산이
든든하게 받치는데
시방대중 함께모여
일심으로 염불하니
염불총림 큰맘도량
이때문에 수승하네.

(2절)

맑은하늘　　흰구름은
유유하게　　떠있는데
거듭거듭　　둘린산은
온도량을　　감싸주고
우 거 진　　숲속에는
산새들이　　지져귄다
뜨락가엔　　기화요초
가을에는　　황금단풍
뒷봉우리　　대종삼고
앞산으로　　북을삼아
종울리고　　목탁치며
즐거웁게　　염불하세.

93 영주 대승사가

(1절)

부처님법　　배우고자
대승사에　　들어오니
새 소 리 　　바람소리
맑은생각　　절로든다.
우뚝하게　　높이솟은
부처님의　　사리보탑
상서로움　　한끗품고
맑은정기　　흐르는곳
내가나를　　찾기위해
끊임없이　　정진하니
청정도량　　대승사가
이때문에　　살아있네

(2절)

대자대비　부처님의
바른법을　배우고자
청정도량　대승사에
우리모두　다모였네
우 거 진　숲속에는
산새들이　노래하고
맑은바람　불어오니
즐거움이　가득한곳
거룩하신　부처님뜻
한결같이　받들면서
영원토록　부처님법
끊임없이　실천하리.

94　수도산 수도암가

(1절)

사바세계　멀리떠나
깊은산속　들어오니
새 소리　물소리에
맑은생각　절로든다.
하늘높이　웅장하게
우뚝솟은　수도산은
상서로움　한껏품고
맑은정기　가득한곳
내가나를　찾기위해
끊임없이　정진하니
청 정 한　수도암은
이때문에　살아있네.

(2절)

대자대비　부처님의
바른법을　배우고자
고 요 한　수도암에
우리모두　다모였네.
하늘아래　장엄하게
높이솟은　수도산은
맑은바람　우거진숲
골짝에는　물 소 리
거룩하신　부처님뜻
한결같이　받들면서
영원토록　부처님법
끊임없이　실천하리.

95 태백산가

(1절)

어지러운   세상떠나
깊은골짝   들어오니
새 소 리   물소리에
맑은생각   절로든다.
하늘높이   웅장하게
우뚝솟은   태백산은
상서로움   한껏품고
맑은정기   가득한곳
산 정 에   올라서서
일만산을   굽어보니
높고낮은   산봉우리
발아래에   펼쳐지네.

(2절)

백두대간　기상갖고
중허리에　이르러서
크게한번　굽이치고
제주까지　흘러가니
백두 묘향 금강 설악
오대 태백 덕유 계룡
지리 한라 산의 근본
압록 두만 대동 한강
낙동 금강 강의 원천
십대 명산 뼈가 되고
여섯 강은 대맥 되니
한반도는　완성되네.

96   정토 왕생가

태어나길 　원합니다.
태어나길 　원합니다.
극락세계 　태어나서
아미타불 　친견하고
마정수기 　친히받길
간절하게 　원합니다.

태어나길 　원합니다
태어나길 　원합니다.
원하건대 　아미타불
법회중에 　참예하여
두손으로 　향과꽃을
올리고자 　하나이다.

연꽃으로   장엄된곳
극락정토   태어나서
나와남이   모두함께
성불하길   원합니다.

원하건대   서방정토
극락세계   태어나서
구품단계   피는연꽃
나의부모   삼게되고
물러서지   않는보살
나의도반   되어지다.

(반주)

이생에서   이내몸을
제도하지   않는다면
어느생을   기다려서
이몸구제   하려는가.

원하건대　　서방정토
극락세계　　태어나서
구품단계　　피는연꽃
나의부모　　삼게되고
물러서지　　않는보살
나의도반　　되어지다.
나의도반　　되어지다.

97 태백산 큰마음도량 15경

태백산 남쪽 자락
세 가지 뜻을 지닌 삼합처에
큰마음 도량이 들어섰다. 1경

큰 산 아래 길지吉地 있으니
여기 도성암이 창건되었고 2경

정토를 상징하여 연지 만드니
해마다 백련이 피어난다. 3경

청룡에 열두 봉을 마주함은
이 자리에 열두 도인 예견되고 4경

웅장한 주산아래 법당 있으니
거룩한 염불도량 이뤄졌다. 5경

하늘높이 솟아있는 나무아래
물소리 들리는 큰마음동산에서 6경

가끔 선시음악 감상하다가
매미소리 속에서 염불한다.

도량에 흐르는 골짜기 물은
언제나 여름 더위 식혀주고 7경

주변을 감싸는 그윽한 숲길은
우리 모두 보행정진 하는 곳 8경
이는 자연이 주는 최고의 선물

산문지나 해탈교를 건너가면
그윽하게 들려오는 염불소리
내 마음 달래주는 영혼의 모음 9경

제3장 정토로 가는 길

정토를 그리워하는 정토원 10경
궁극의 선을 추구하는 명선재 11경
번뇌를 씻기 위한 법수원 12경
이는 염불총림과 함께한다.

    (본시의 결구)

이 중에 무엇이 가장 수승한가.
삼년결사 세 번 후 삼년법회 13경

이어지는 염불정진법회는 14경
미래를 열어가는 불교의 희망 15경
우리 모두 다함께 염불하자.

삼합처三合處 : 천,지,인이 모이는 자리
  태백산 큰마음도량에서 2025.7.5.

태백산 큰마음도량 전경

제4장 자작 한시漢詩 모음

태백산 토굴 풍경

98 태백산에 들어오며 入太白山

일입청산휴만사　一入靑山休萬事
시비분별도방하　是非分別都放下
아유생애갱무구　我有生涯更無求
일심미타도잔년　一心彌陀度殘年

한번 청산에 들어와 만사를 쉬니
많고 많은 시비분별 다 버렸다네.
나 여기 사는데 특별한 것 없으니
일심염불 속에 남은 해를 보내리.

※ 모든 일을 내려놓고 태백산에 들어와 선실에 앉았으니 지난날에 있었던 모든 일들은 꿈같이 지나가고 묵묵히 앞산을 바라보다가 문득 본시를 읊었습니다.

태백산토굴 3년 결사 중 2019. 11.

99 태백산 3년결사 마치며

三年結社 廻向

삼년삼차대벽잠 三年參次對碧岑
홀연과십오불식 忽然過十吾不識
방하신심무여물 放下身心無餘物
산천초목작일체 山川草木作一體

삼년을 세번 푸른 산을 대했더니
홀연히 십년이 지남을 알지 못했네.
무거운 짐 내려놓고 나머지가 없으니
어느새 산천초목과 한 몸이 되었네.

태백산 3년결사 마치며 2022. 8.

100 염불일구를 권하며 勸念佛一句

백계천종기묘책　百箇千種奇妙策
위자일신용무진　爲自一身用無盡
여연여구환구신　如烟如漚幻軀身
무의무처총불신　無依無處總不信

아금권여미타구　我今勸汝彌陀句
일심염불생진기　一心念佛生眞氣
미타일념천하방　彌陀一念天下方
신심안락월생사　身心安樂越生死

백가지 천가지 기묘한 계책으로
한 몸을 위해 무진 애를 쓰지만

연기 같고 물거품 같은 몸이여!
믿을 수 있는 것 하나 없구나.

제4장 자작 한시(漢詩) 모음

나 그대에게 미타일구 권하노니
생각마다 아미타불 무한 기운 생기고

한생각 염불은 천하제일 방책이라.
신심은 안락하고 생사를 건너간다.

지리산 봉화사 염불법문서시 2022.9.7

101 겨울 산을 바라보며 看雪山

동절설산첩첩적 冬節雪山疊疊積
청천백운연만리 晴天白雲連萬里
인생하호활시야 人生何乎活是耶
금조동편승적일 今朝東便昇赤日

눈 덮인 산은 거듭거듭 겹쳤는데
청천에 백운은 만리에 뻗쳤구나.
인생은 무엇이고 삶이란 무엇인가
오늘 아침 동녘에 붉은 해로구나.

태백산 큰마음도량 삼매굴에서 2022.1.

102 참 사람의 길 眞人之道

전산무심 前山無心
백운유유 白雲遊遊
차시묘용 此是妙用
진인지도 眞人之道

앞산은 무심한데
흰 구름 흘러가네.
여기 묘한 작용이여!
참 사람의 길이로다.

흰 구름 보다가 2009년 가을

103 큰마음도량을 읊다
韻 太白山大心道場

숙세인연생차토 宿世因緣生此土
홀기신심입불문 忽起信心入佛門
유유일도문사수 唯有一道聞思修
태백산중성도량 太白山中成道場

숙세의 인연 따라 여기 태어나
어느 날 홀연히 출가 했었지
오직 한길만 보고 듣고 닦으니
태백산에 염불도량 생겨났구나.

태백산 큰마음도량에서 2025.7.3.

104 도량결사를 하며 韻道場結社

산심곡밀무인적 山深谷密無人跡
종일좌와횡동서 終日坐臥橫東西
수인문아개중사 誰人問我箇中事
청산첩첩만리천 靑山疊疊萬里天

산 깊고 우거진 숲 인적은 드물고
종일토록 앉고 눕고 포행하나니
누가 나에게 이 일을 묻는다면
청산은 중첩한데 만리 하늘이로다.

태백산 토굴에서 2025. 7. 5

105 법산의 원인론 法山韻圓印

감우청산도량신　甘雨靑山道場新
봉황정실좌원인　鳳凰定室坐圓印
담설시선일여처　談說詩禪一如處
친견대중환무진　親見大衆歡無盡

단비 졌어든 도량은 새로운데
봉황루에 자리 편 원인선사여!
구수한 시詩와 선禪이 하나 되니
친견한 대중 끝없는 기쁨이로다!

※ 상기시는 신라대 총장 법산 김용태 문학박사가 산승과 시선詩禪을 나눈 후 이렇게 한시를 지어 보내왔습니다.

2015년 10월 28일

후기

본 시집에 대해서

물질문명이 절정에 이른 지금 많은 사람들은 진정한 삶의 가치를 보지 못하므로 끝없이 방황하고 있습니다. 지금 이 시대를 사는 우리들이 정신세계를 바로보지 못하면 끝내 자신의 근본을 잃고 물질의 노예가 되어 행복으로 나아가지 못합니다. 이에 우리는 마음의 평화와 행복한 미래세상을 열어가고자 '우리함께 가는 길'이란 명상시집을 출간하게 되었습니다.

본 시집은 산승이 태백산 큰마음도량에서 3년간 설한 법문의 서시와

자연과 인간에 대한 마음과 평화와 행복을 위해 우리함께 가야할 깨달음의 명상시집이라 할 수 있습니다.
자연과 삶을 있는 그대로 보는 이 가운데 이상적인 삶이 있고 마음의 평화와 행복을 열어가는 깨달음이 있으며 절대성으로 나아가는 길이 있습니다.
산승은 이를 위해 태백산에 염불명상수행모임을 만들고 가장 순수하고 아름다운 정신적 이상세계를 구현하기 위해 틈틈이 쓴 시를 모아본 시집이 나오게 되었습니다.
백천가지 묘한 재주와 철학적 깊은 지식이 있다고 해도 결국 마음을 벗어나지 못하니 우리는 언제나 이 마음을 통해서 진정한 삶과 행복을 찾아야 합니다.
모든 인류가 가야할 길은 가장 맑고 순수하며 참된 길이어야 합니다.

그리고 그 길을 걸어가고자 하는 마음가짐이 더욱 중요한 것입니다. 왜냐하면 실천 없는 앎이란 도리어 번뇌가 되고 좋은 길에 장애가 될 수 있기 때문에 우리는 이 자리에서 아름답고 이상적인 깨달음의 정토를 실현하기 위해 오늘도 묵연히 정진하고 있습니다.

2025년 여름 저자 원인 합장

우리 함께 가는 길

초판 1쇄인쇄 | 2025년 8월 20일
초판 1쇄발행 | 2025년 10월 1일

저　자 | 원인 比丘
펴낸이 | 한태순
펴낸곳 | 큰마음출판사

기획편집.영업관리 | 박문정(금강화)

출판등록 | 2013년 1월 25일 제2011-2호
주소 | 경북 봉화군 소천면 고선리 319
염불선 정진회, 큰마음 실천회, 공식폰
　　☎ 010-7365-6331
이 메 일 | mi-so@hanmail.net
다음카페 | 큰마음
유 튜 브 | 큰마음TV

ⓒ 원인. 2025

ISBN 978-89-967795-3-7　3040

※ 책값은 뒤표지에 있습니다. 잘못된 책은 교환해 드립니다.
※ 저작권법에 의하여 보호를 받은 저작물이므로 무단으로
　복사, 전재하거나 변형하여 사용할 수 없습니다.